MÉTHODE

DE LECTURE.

MÉTHODE

DE LECTURE,

EN VINGT TABLEAUX,

A L'USAGE DES ÉCOLES

TENUES PAR

LES FILLES-DE-LA-SAGESSE,

OUVRAGE APPROUVÉ PAR LE CONSEIL DE L'INSTRUCTION PUBLIQUE.

NANTES,

IMPRIMERIE DE VINCENT FOREST,

PLACE DU COMMERCE, 1.

1859.

(1156)

Troisième Tableau.

—

SONS ET ARTICULATIONS

En lettres romaines, en majuscules et en italiques.

a	A	*a*
â	Â	*â*
e	E	*e*
é	É	*é*
è	È	*è*
ê	Ê	*ê*
o	O	*o*
ô	Ô	*ô*
i	I	*i*
u	U	*u*
eu	EU	*eu*

ou	OU	ou
in	IN	in
un	UN	un
an	AN	an
on	ON	on
oi	OI	oi
oin	OIN	oin
b	B	b
p	P	p
d	D	d
t	T	t
v	V	v
f	F	f

g	G	*g*
c	C	*c*
z	Z	*z*
s	S	*s*
j	J	*j*
l	L	*l*
m	M	*m*
n	N	*n*
r	R	*r*
ch	CH	*ch*
gn	GN	*gn*
ill	ILL	*ill*

Quatrième Tableau.

—

SONS ARTICULÉS.

ab	ap	ad	at	af
ib	ip	id	it	if
ob	op	od	ot	of
ub	up	ud	ut	uf
ac	ag	as	al	ar
ic	ig	is	il	ir
oc	og	os	ol	or
uc	ug	us	ul	ur

---

ur	èz	int	ir	uz
euz	im	ont	ol	oub
oup	is	af	or	and
êt	onc	iz	âb	ut
âd	il	ôc	ès	ig

oir	op	ât	ôf	ac
up	oul	èc	âs	ôr
ôl	ud	our	âb	ut
inc	os	ul	ouc	ot
out	uc	ôs	êr	oil
ar	oit	ot	az	if
eur	ouf	anb	int	êp
èt	ant	og	uf	ag
oif	áp	ès	ȯb	ub
us	euf	âg	anc	ag
ôd	ôp	eul	êf	it
ôg	as	ug	anl	af
ing	oc	âl	ot	ir
ac	èb	af	èg	ob
âr	èl	eut	anp	ip

Cinquième Tableau.

—

SYLLABES FORMÉES D'UNE ARTICULATION ET D'UN SON.

b.â	b.e	b.i	b.ô	b.u
p.â	p.e	p.i	p.ô	p.u
d.â	d.e	d.i	d.ô	d.u
t.â	t.e	t.i	t.ô	t.u
v.â	v.e	v.i	v.ô	v.u
f.â	f.e	f.i	f.ô	f.u
g.a	g.o	g.ou	g.an	g.oi
c.a	c.o	c.ou	c.an	c.oi
z.a	z.o	z.ou	z.an	z.oi
s.a	s.o	s.ou	s.an	s.oi
j.a	j.o	j.ou	j.an	j.oi
l.a	l.o	l.ou	l.an	l.oi

m.é	m.è	m.ê	m.eu	m.on
n.é	n.è	n.ê	n.eu	n.on
r.é	r.è	r.ê	r.eu	r.on
ch.é	ch.è	ch.ê	ch.eu	ch.on
gn.é	gn.è	gn.ê	gn.eu	gn.on
ill.é	ill.è	ill.ê	ill.eu	ill.on
ill.ou	ill.e	ill.i	ill.o	ill.in
gn.ou	gn.e	gn.i	gn.o	gn.in
ch.ou	ch.e	ch.i	ch.o	ch.in
r.ou	r.e	r.i	r.o	r.in
n.ou	n.e	n.i	n.o	n.in
m.ou	m.e	m.i	m.o	m.in
l.ou	l.ô	l.an	l.â	l.oin
j.ou	j.ô	j.an	j.â	j.oin
s.ou	s.ô	s.an	s.â	s.oin

z.ou	z.ô	z.an	z.â	z.oin
c.ou	c.ô	c.an	c.â	c.oin
g.ou	g.ô	g.an	g.â	g.oin
f.eu	f.ê	f.un	f.é	f.on
v.eu	v.ê	v.un	v.é	v.on
t.eu	t.ê	t.un	t.é	t.on
d.eu	d.ê	d.un	d.é	d.on
p.eu	p.ê	p.un	p.é	p.on
b.eu	b.ê	b.un	b.é	b.on

Sixième Tableau.

—

EXERCICE DU TABLEAU PRÉCÉDENT.

p.a-p.e, m.a-m.an, j.o-l.i, r.o-b.e,
z.è-l.e, l.a-m.e, l.un-d.i, b.i-j.ou,
v.i-gn.e, p.è-r.e, f.ê-t.e, p.ou-l.e,
f.è-v.e, l.i-r.e, b.i-ch.e, g.a-l.on,
m.o-r.a-l.i-t.é, f.u-m.i-g.a-t.oi-r.e,
c.a-p.i-t.a-l.e, m.an-d.o-l.i-n.e,
c.on-f.i-t.u-r.e, l.a-b.o-r.a-t.oi-r.e,
d.é-b.an-d.a-d.e, d.é-c.ou-p.u-r.e,
d.i-v.i-n.e, v.é-r.i-t.é, c.a-l.e-p.in,
m.é-d.a-ill.on, f.u-t.i-l.e, é-c.o-l.e,
ch.a-r.a-d.e, c.ou-c.ou, c.a-r.ê-m.e,
c.a-b.a-l.e, f.cu-ill.e-t.on, s.e-r.in,
m.é-m.oi-r.e, s.a-l.a-d.e, c.a-p.o-t.e,

m.a-gn.a-n.i-m.i-t.é, c.ou-s.ou-d.e,
t.u-l.i-p.e, r.e-l.a-t.i-v.e, p.a-v.é,
â-n.e, m.é-r.i-t.oi-r.e, s.a-v.a-t.e.

---

fê-te, pè-re, pou-le, vi-gne, pin-son,
ma-man, fè-ve, la-me, li-re, se-rin,
jo-li, bi-jou, ta-lon, ro-be, chi-ca-ne,
pa-pe, zè-le, bi-che, lu-ne, cou-cou,
mé-ri-toi-re, man-do-li-ne, sa-la-de,
dé-ban-da-de, ca-ra-bi-ne, mo-ra-li-té,
ca-pi-ta-le, dé-cou-pu-re, con-fi-tu-re,
lun-di, pa-vé, ca-ve, é-pi-ne, â-ne,
mon-ta-gne, di-vi-ne, con-te, jou-jou,
feu-ille-ton, ca-rê-me, fu-ti-le, é-co-le,
ca-le-pin, mé-da-illon, con-sou-de,

vé-ri-té, mé-moi-re, ca-ba-le, ga-lon, cha-ra-de, fu-mi-ga-toi-re, re-la-ti-ve, ca-pi-tu-le, ma-gna-ni-mi-té, ca-po-te, la-bo-ra-toi-re, mi-nu-te, ri-va-li-té, ca-ba-ne, sa-va-te, bâ-ton, tu-li-pe.

---

maman, vigne, fête, lundi, chi-cane, biche, lame, fève, bijou, joli, samedi, lune, zêle, père, poule, lire, pinson, pape, robe, pavé, cave, midi, serin, découpure, méritoire, épine, coucou, man-doline, confiture, carabine, âne, capitale, moralité, débandade, conte, joujou, cabane, école, rivalité, galon, vérité, calepin, montagne, dimanche, médaillon, consoude, carême, divine, cabale, futile, mémoire, capote, pan, charade, feuilleton, figure, bouche, magnanimité, relative, capitule, pou, fumigatoire, volubilité, ligne, talon, minute, salade, laboratoire, rouille, ripe, savate, tulipe, madame, bâton.

Septième Tableau.

—

SYLLABES FORMÉES D'UNE ARTICULATION
ET D'UN SON ARTICULÉ.

b.ag	b.ab	b.as	b.ouc	b.or
p.al	p.oil	p.us	p.ic	p.ir
d.ad	d.oc	d.os	d.uc	d.ar
t.al	t.ar	t.is	t.ic	t.ir
v.ul	v.is	v.ar	v.ir	v.ol
f.al	f.or	f.is	f.ur	f.ir
g.ar	g.ol	g.as	g.al	g.ad
c.our	c.ar	c.ap	c.oul	c.ob
z.ug	z.ig	z.or	z.ir	z.ag
s.oir	s.ac	s.oif	s.ul	s.il
j.ar	j.us	j.our	j.as	j.ac
l.oir	l.our	l.ap	l.ac	l.eur

b

m.ir   m.ar   m.al   m.as   m.eur

n.oir   n.eur   n.if   n.ul   n.euf

r.ap   r.ab   r.up   r.as   r.us

ch.as   ch.if   ch.eur   ch.ac   ch.ar

gn.al   gn.eul   gn.ol   gn.eur   gn.ac

ill.eul   ill.ac   ill.eur   ill.ir   ill.ar

—————

j.ob   d.us   l.ir   j.og   m.ag

p.eul   r.ip   m.og   l.oir   p.if

v.og   b.ar   b.il   z.is   b.is

z.ic   r.af   p.our   b.èc   f.our

t.our   c.our   d.ir   v.oir   n.oir

f.ic   b.if   v.al   b.al   gn.ar

d.ur   c.or   l.or   v.ag   g.ap

d.ar   m.il   m.ig   l.op   s.ug

t.or	d.og	t.ol	l.ar	p.or
n.il	p.ar	d.or	t.ur	p.ol
t.if	s.eul	f.il	r.og	v.op
r.ig	j.og	b.us	j.ig	g.or
p.us	r.ag	d.eul	f.uc	j.ap
g.og	b.eur	p.uc	m.ap	r.ad
d.ing	c.ac	r.ag	r.op	z.al
c.al	c.up	f.ar	p.ul	j.os
s.uc	d.ul	b.ol	p.il	d.il
p.ig	m.ur	c.al	c.ol	m.ol

Huitième Tableau.

EXERCICE DU TABLEAU PRÉCÉDENT.

l.a–b.eur, v.ul–g.a–t.e, f.u–t.ur,
n.il, p.ou–d.ing, d.og–m.e, c.ap,
d.oc–t.e, l.ac, g.ol–f.e, m.o–g.ol,
s.ac, b.ag–d.ad, b.os–t.on, g.ad,
é–r.as–t.e, c.o–gn.ac, ch.ap–t.al,
j.a–c.ob, r.oc, t.ar–t.e, t.a–r.if,
c.on–s.ul–t.e, v.ir–g.u–l.e, t.our,
j.us–t.e, g.ar–d.on, m.ar–m.i–t.e,
j.ob, s.i–gn.al, j.ar–d.in, p.is–t.o–l.e,
j.as–m.in, g.as–c.on, r.o–gn.eur,
b.al–c.on, s.ou–p.ir, m.ou–ch.oir,
m.al, p.ar–d.on, n.ul, m.as–t.ic.

dor-mir, seul, pé-cheur, vis, dur,
vou-loir, mé-tal, fis-cal, fal-si-fi-é,
ti-reur, fu-tur, lis-te, for-tu-ne,
as-pic, gan-se, zig-zag, tour-neur,
ca-nif, bouc, sor-tir, da-vid, soc,
char-te, a-va-loir, lour-de, bo-cal,
bal-con, la-bour, par-don, da-tif,
doc-teur, cour-bu-re, cu-roir, lis,
tour, as-tè-re, neuf, dé-cor, col,
fas-te, donc, dic-ton, rup-tu-re,
ta-rif, jour-nal, cas-tor, fac-tu-re,
four-mi, sar-cas-me, dis-cou-rir,

———

larme, naval, picpus, sol, porte,
dortoir, monacal, futur, sultan,

pouf, motif, four, zinc, indostan,
sur, parti, cordon, raoul, morne,,
épagneul, juste, tiroir, animal,
buste, bourse, soif, doctoral,
cor, dictature, garde, cornichon,
corne, écharpe, étourdir, lavoir,
légal, parti, libéral, volcan, jaspe,
poil, bâton, raboutir, amiral,
carpe, faste, carte, noir, poste,
moral, discourir, tarif, sarcasme,
tour.

Neuvième Tableau.

—

ARTICULATIONS DOUBLES ET SYLLABES RENFERMANT
DES ARTICULATIONS DOUBLES.

bl	*br*	*cl*	*cr*	*fl*
fr	*gl*	*gr*	*pl*	*pr*
dr	*tr*	*vr*	*st*	*str*
sc	*scr*	*sp*	*spl*	*ps*
bl.a	bl.e	bl.i	bl.o	bl.u
br.a	br.e	br.i	br.o	br.u
cl.eu	cl.in	cl.an	cl.oi	cl.a
cr.eu	cr.in	cr.an	cr.oi	cr.a
fl.é	fl.ê	fl.ô	fl.u	fl.ou
fr.é	fr.ê	fr.ô	fr.u	fr.ou
gl.un	gl.on	gl.oin	gl.a	gl.e
gr.un	gr.on	gr.oin	gr.a	gr.e

pl.e   pl.o   pl.i   pl.eu   pl.in

pr.e   pr.o   pr.i   pr.eu   pr.in

dr.an   dr.oi   dr.â   dr.é   dr.ê

tr.an   tr.oi   tr.â   tr.é   tr.ê

vr.ê   vr.â   vr.u   vr.ou   vr.on

st.ê   st.â   st.u   st.ou   st.on

str.a   str.ô   str.i   str.on   str.u

sc.ou   sc.an   sc.a   sc.u   sc.o

scr.u   scr.i   scr.o   scr.an   scr.é

spl.in   spl.on   spl.é   spl.u   spl.ô

bl.is   bl.ic   bl.if   bl.oc   bl.ir

br.is   br.ic   br.if   br.oc   br.ir

cl.ic   cl.ac   cl.oc   cl.or   cl.ouc

cr.ic   cr.ac   cr.oc   cr.or   cr.ouc

fl.us   fl.uc   fl.ag   fl.ic   fl.ac

fr.us fr.uc fr.ag fr.ic fr.ac

gl.ad gl.ob gl.oir gl.ab gl.os

gr.ad gr.ob gr.oir gr.ab gr.os

pl.us pl.uc pl.ur pl.eur pl.ir

pr.us pr.uc pr.ur pr.eur pr.ir

dr.ap dr.op dr.ic dr.ac dr.uf

tr.ap tr.op tr.ic tr.ac tr.uf

vr.ir vr.ar vr.il vr.ip vr.us

st.ir st.ar st.il st.ip st.us

str.al str.os str.uc str.ic str.ol

sc.ot sc.ar sc.ol sc.of sc.our

sp.ir sp.eur sp.oir sp.ol sp.al

ps.al ps.or ps.oul ps.il ps.ar

————

Dixième Tableau.

—

EXERCICE DU TABLEAU PRÉCÉDENT.

sp.i-r.a-l.e, st.é-r.i-l.i-t.é, sp.a,
st.o-r.e, gl.a-n.eur, gr.ou-p.e,
sp.on-t.a-n.é, st.a-bl.e, br.in,
s.ouf-fl.e, r.é-p.an-dr.e, gl.u,
fr.i-r.e, pl.an-t.e, pr.é-t.oi-r.e,
as-tr.o-n.o-m.e, m.ar-br.u-r.e,
cr.i-bl.e, n.o-bl.e, gr.a-v.e, bl.é,
sc.or-s.o-n.è-r.e, as-tr.e, on-gl.e,
m.ar-br.e, ar-t.i-cl.e, n.a-cr.e,
bl.an-ch.â-tr.e, tr.ou-b.a-d.our,
ou-vr.oir, st.è-r.e, br.an-d.on,
an-gl.e, or-dr.e, pl.a-t.a-n.e.

trin-gle, cra-va-te, gloi-re, clou,
crâ-ne, pro-bi-té, ma-cle, gra-de,
plu-me, pu-blic, bloc, spa-tu-le,
tor-dre, é-ta-blir, spas-me, club,
fleur, câ-pre, bru-me, struc-tu-re,
fruc-ti-dor, ou-vrir, bre-dou-ille,
o-ra-cle, fri-me, spar-te, pru-ne,
stra-bis-me, dé-trac-teur, psal-mis-te,
in-scrip-teur, mul-ti-flo-re, pli,
scru-pu-le, scar-la-ti-ne, poi-vre,
in-scri-re, trou-pe, cré-pus-cu-le,
pro-mon-toi-re, scri-be, mor-dre.

---

breton, frugal, scorpion, trictrac,
stade, crabe, stigmate, scandale,
rifloir, flicflac, psalmodié, clore,

contraste, glouton, stipule, écran,
scrutin, stature, râcleur, dragon,
plantin, déplorable, spiritualité,
foudre, épingle, cloche, détruire,
flèche, table, nègre, livre, crêpe,
cruche, lustre, grande, déplorable,
double, trafic, poudre, triangle,
route, prime, branche, pourpre,
être, dublin, arbre, coudre, pli.

———

Onzième Tableau.

—

LETTRES MUETTES A LA FIN DES MOTS.

gant, dans, é-tang, blanc, grand,
glands, é-lé-gants, rangs, francs.

bu-is, plu-ie, nid, fru-it, riz, ou-til,
pu-its, fe-nils, lit, gris, dé-bris.

croix, mois, doigt, froid, croit,
foie, voies, poids, droits, voient, soie.

jar-dins, cha-grins, vingt, sa-pins,
gra-dins, vins, la-pins.

fond, tronc, long, front, rond,
blond, jonc, pont, gond.

point, coing, soins, joints, moins,
poings.

bourg, court, lourd, se-cours,

Fri-bourg, cours, sourd, re-bours.

bord, fort, tors, cors, corps, re-mords, port.

flot, sa-bot, dé-pôt, ra-bot, tant-tôt, pot, tri-cot.

dé-but, re-fus, flux, re-flux, ta-lus, a-bus, buts, con-fus.

plat, chat, rat, mât, ta-bac, a-vo-cat, sé-nat, al-ma-nach.

roue, toux, loup, coups, pouls, goût, proues, é-gouts, choux, boue.

prêts, mêts, fo-rêts, rêts, in-té-rêt.

———

coud, li-ard, bond, nard, re-bord, grand, art.

man-dat, lin-got, sa-lut, ha-bit, gra-bat, sa-bot, tri-but.

ga-lop, loup, drap, trop, coup, a-bord.

par-vis, pou-les, sou-ris, ré-pons, an-chois, re-fus.

choix, roux, pi-eux, toux, poix, prix, bre-bis.

———

Douzième Tableau.

—

LETTRES MUETTES DANS LE MILIEU DES MOTS.

sab-bat, ab-bé, Ab-be-vil-le, rab-bin,
bap-tê-me.

ag-glo-mé-ré, ag-gra-vé, ag-glu-ti-
nant, ag-gra-vant, suf-fra-gant.

hom-me, flam-me, pom-me, com-
mo-de, som-me, gram-me.

Ma-rie[1], dé-bar-ras, ar-ri-vée,
bar-re, car-re-four, mar-ron,
car-ri-o-le, nue, vie.

ap-pro-chant, grip-pe, ap-poin-té,
ap-pé-tit, ap-prê-teur, ap-pu-i.

---

[1] Sans être entièrement muet, l'e à la fin d'un mot précédé
d'un des sons é, i, u, oi se prononce très-faiblement, c'est
pourquoi nous l'indiquons muet.

lit-té-ral, ba-rat-te, mot-te, at-ta-che, frot-té, nat-te, dat-te.

grif-fon, dif-fi-cul-té, dif-fé-ré, dif-for-me, gouf-fre, dif-fus.

co-los-se, cou-lis-se, chas-se, pous-sin, tra-cas-se-rie.

col-li-ne, al-lée, bal-le, vil-le, dal-le, tul-le, bul-le.

Van-nes, ba-ron-ne, co-lon-ne, con-né-ta-ble, bon-ne.

ac-crou-pir, oc-cu-pé, ac-ca-blé, ac-cord, ac-croi-re, ac-croc.

———

ba-gue, gué-ri-don, gui-ta-re, guê-pe, guè-tre, gué-ri-te, gueu-le.

2·

pain, le-vain, ain-si, re-frain, saint, cha-pe-lain, crain-dre.

sein, frein, teint, se-rein, pein-tre, reins, j'eus, il eut, as-seoir.

Saô-ne, août, taon, paon, Laon.

———

Treizième Tableau.

—

NOUVEAUX SIGNES DES SONS.

a	à	voi-là, à moi, dé-jà, ho-là.
	e	fem-me, so-len-ni-té, ar-dem-ment, fer-vem-ment.
â	a	tré-pas, fri-mas, li-las, glas, re-pas, hé-las.
é	e	li-mer, pri-er, mon-trer, chan-de-li-er, bou-cli-er, nez, chez, as-sez.
	ai	j'i-rai, mai, j'al-lai, je chan-tai
è	e	dis-cret, bon-net, sif-flet, go-be-let.
	ei	pei-ne, vei-ne, ba-lei-ne, pei-gne.
	ai	par-fait, lai-de, fait, trai-teur, por-trait, re-trai-te.
ê	e	il est, mes, tes, ses, les, des, ces,

ê	è	con-grès, a-près, très, dès.
	ai	j'ai-me, paix, par-faits, por-te-faix, traits, san-gui-nai-re.
i	î	î-le, dì-me, é-pî-tre, dì-ner, a-bî-me.
	ï	Ja-ï-re, na-ïf, Si-mo-ïs, hé-ro-ï-ne.
	y	Y-on-ne, Ly-on, syl-la-be, myr-te.
o	u	al-bum, o-pi-um, rhum, fac-to-tum.
ô	o	re-pos, dis-pos, gros, clos, lin-got.
	au	au-tel, au-mô-ne, bau-me, mau-ve, fau-te, vau-tour, eau, ba-teau, beau-té, plu-meau, car-reau.
u	û	flû-te, mû-re, sûr, bû-che.
	ü	Sa-ül, An-ti-no-üs, Ar-ché-la-üs

Quatorzième Tableau.

—

SUITE DU TABLEAU PRÉCÉDENT.

eu	ue	cue-illet-te, ac-cue-illir, or-gue, re-cue-illi.
	œ	œ-illet, œ-illa-de, œ-illè-re, œ-ille-ton.
	œu	ma-nœu-vre, vœu, nœud, œuf, œu-vre.
ou	u	*après l'articulation* c, *représentée par* q : é-qu-a-teur, qu-a-dru-pè-de, a-qu-a-ti-le.
in	im	im-pie, im-pôt, faim, im-pri-mer, pim-pant, tim-bre.
	en	chré-ti-en, bi-en-tôt, men-tor, main-ti-en, chi-en, li-en, eu-ro-pé-en.

in	**em**	sem-per-vi-rens, sem-pi-ter-nel, Nu-rem-berg.
	yn	syn-chro-nis-me, syn-co-pe, syn-dic, syn-ta-xe.
	ym	O-lym-pe, thym, symp-tô-me, sym-bo-le, sym-pa-thie.
un	**um**	hum-ble, par-fum.
an	**am**	am-bas-sa-de, cham-bre, jam-bon, tam-bour, am-pou-le.
	en	en-fant, men-tal, en-chan-teur, men-the, en-cre, ven-tre.
	em	em-bar-ras, trem-bler, em-pi-re, in-gre-di-ent, sem-bla-ble.
on	**om**	com-po-te, plomb, prompt, pom-pe, tom-be, om-bre

ai-i	a-y	*pa-i-i*s.	pa-ys.
		*a*b-*ba-i*e.	ab-ba-ye.
		rai-i-on.	ra-y-on.
		*bé-gai-i-e*r.	bé-ga-y-er.

ei-i	e-y	*gra*s-*sei-i-e*r.	gras·se·y·er.

oi-i	o-y	*moi-i-en.*	mo-y-en.
		roi·i·au·me.	ro·y·au·me.
		*joi-i-eu*x.	jo-y-eux.
		*voi-i-e*l-*le.*	vo-y-el-le.
		loi-i-al.	lo-y-al.

Quinzième Tableau.

NOUVEAUX SIGNES DES ARTICULATIONS.

t | **d** pi-e*d* à ter-re, gran*d* ar-bre.

v { **W** wa-gon, wa-lon, Wé-mar.

f neu*f* ans.

f | **ph** pha-re, phé-no-mè-ne, pa-ra-phe, stro-phe, phos-pho-re.

c {

g gan-grè-ne, lon*g* in-ter-val-le.

k ki-lo-mè-tre, Nan-kin, Pé-kin, ko-ran, A-bou-kir.

q é-qu-a-teur, ban-que, qua-li-té, a-qu-a-ti-que, qu-a-dru-pè-de.

ch ar-chi-é-pis-co-pal, Mel-chi-sé-dech, or-ches-tre.

X ex-cès, ex-cel-len-ce, ex-ces-sif, ex-cé-der.

g	c	se-cond, se-con-dai-re.
z	s	Jé-sus, ro-se, gri-se, frai-se, rai-sin, ré-si-ne, loi-sir, a-si-le, ca-se.
	x	deu-xi-è-me.
s	c	ci-seau, cerf, cent, gla-ce, cein-tu-re, ra-ci-ne.
	ç	fa-ça-de, le-çon, re-çu, ma-çon-ner, per-çoir, ber-çant.
	t	por-ti-on, Hel-vé-tie, i-mi-ta-ti-on, pa-ti-en-ce, fac-ti-eux, pro-phé-tie.
	x	soi-xan-te, Bru-xel-les, Au-xer-re.
j	g	lin-ge-rie, ar-gent, en-gin, an-ge, Gé-dé-on, man-gea.
ill	il	ca-mail, ac-cueil, tra-vail, œil, por-tail, deuil.

ill	ll	bi-llard, fi-lle, ai-gu-i-llon, gri-lle, qui-lle, Gui-llau-me.
	l	A-vril, mil, gré-sil.

cs	x	*lu-cse.*	lu-xe.
		ve-csa-ti-on.	ve-xa-ti-on.
		fi-cse.	fi-xe.
		ma-csi-me.	ma-xi-me.
		fle-csi-ble.	fle-xi-ble.

gz	x	*e-gza-men.*	e-xa-men.
		gza-vi-er.	Xa-vi-er.
		e-gzem-ple.	e-xem-ple.
		e-gzau-cer.	e-xau-cer.

Seizième Tableau.

LECTURE PAR MOTS DÉTACHÉS.

U-ne dou-ce ré-si-gna-ti-on, u-ne con-fi-an-ce sain-te en la pro-vi-den-ce di-vi-ne, l'a-mour du tra-vail, l'é-co-no-mie, u-ne res-pec-tu-eu-se re-con-nais-san-ce en-vers les per-son-nes ri-ches dont Di-eu se sert pour les sou-la-ger, tel-les doi-vent ê-tre les prin-ci-pa-les ver-tus des pau-vres. Si donc le Sei-gneur veut que vous so-y-ez de ce nom-bre, fai-tes-vous un de-voir de pra-ti-quer ces ver-tus, et fai-tes-le par a-mour pour Jé-sus, vous sou-ve-

nant qu'il a bi-en vou-lu se fai-re
lu-i-mê-me pau-vre par a-mour
pour vous. Bi-en-heu-reux sont les
pau-vres qui sa-vent rem-plir les
de-voirs de la pau-vre-té, ils n'ont
au-cu-ne part aux bi-ens de ce
mon-de, mais ils pos-sè-de-ront
dans le Ci-el des tré-sors in-fi-nis;
ils sont sou-mis i-ci-bas à un tra-
vail plus pé-ni-ble, mais ils en re-ce-
vront un jour u-ne ré-com-pen-se
plus a-bon-dan-te. Si les hom-mes
les mé-pri-sent, Di-eu les ai-me
da-van-ta-ge; s'ils souf-frent main-te-
nant, ils se-ront con-so-lés plus tard
et du-rant les si-è-cles des si-è-cles.

Dix-Septième Tableau.

LECTURE PAR MOTS DÉTACHÉS.

Un en-fant de cinq à six ans é-tait tom-bé ma-la-de; on vou-lut lu-i fai-re pren-dre u-ne mé-de-ci-ne, mais ni les pro-mes-ses ni les me-na-ces ne pu-rent ob-te-nir qu'il sur-mon-tât sa ré-pu-gnan-ce. Sa mè-re, qui con-nais-sait son a-mour ex-tra-or-di-nai-re pour les pau-vres, s'a-vi-sa d'un mo-y-en nou-veau. Je vi-ens de voir, lu-i dit-el-le, un pau-vre nu et tout tran-si de froid; si tu prends la mé-de-ci-ne, je le fe-rai ha-bi-ller à neuf. Ah! ré-pon-dit-il, je vais la pren-dre. Mais quand il en eut

a-va-lé la moi-ti-é, il s'é-cri-a :
ô ma-man, que ce-la est mau-vais!
je ne pu-is al-ler jus-qu'au bout.
Tu veux donc, re-prit la mè-re,
que je n'ha-bi-lle le pau-vre qu'à
de-mi? A ces mots, l'en-fant re-
de-man-de la tas-se et a-va-le
jus-qu'à la der-ni-è-re gout-te.

Pu-is-se cet e-xem-ple ap-pren-dre
aux en-fants ri-ches, à ai-mer les
pau-vres, et à leur fai-re tout le
bi-en dont ils sont ca-pa-bles!
Jé-sus-Christ les ré-com-pen-se-ra
de leur cha-ri-té; car il a pro-
mis, de re-gar-der com-me fait à
lu-i-mê-me ce qu'on fe-ra pour le
plus pe-tit de ses en-fants.

Dix-huitième Tableau.

LECTURE AVEC LIAISON DES MOTS.

U-ne dou-ce ré-si-gna-ti-on, u-ne con-fi-an-ce sain-te en la pro-vi-den-ce di-vi-ne, l'a-mour du tra-vail, l'é-co-no-mie, u-ne res-pec-tu-eu-se re-con-nais-san-ce en-vers les per-son-nes ri-ches dont Di-eu se sert pour les sou-la-ger, tel-les doi-vent ê-tre les prin-ci-pa-les ver-tus des pau-vres. Si donc le Sei-gneur veut que vous so-y-ez de ce nom-bre, fai-tes-vous un de-voir de pra-ti-quer ces ver-tus, et fai-tes-le par a-mour pour Jé-sus, vous sou-ve-nant qu'il a bi-en vou-lu se fai-re lui-mê-me pau-vre par a-mour pour vous. Bien-heu-reux sont les pau-vres qui sa-vent rem-plir les de-voirs de la pau-vre-té, ils n'ont au-cu-ne part aux bi-ens de ce mon-de, mais ils pos-sè-de-ront dans le Ci-el des tré-sors in-fi-nis; ils sont sou-mis i-ci-bas à un tra-vail plus pé-ni-ble, mais ils en re-ce-vront un jour u-ne ré-com-pen-se plus a-bon-dan-te. Si les hom-mes les mé-pri-sent, Di-eu les ai-me da-van-ta-ge; s'ils souf-frent main-te-nant, ils se-ront con-so-lés plus tard et du-rant les si-è-cles des si-è-cles.

Dix-neuvième Tableau.

LECTURE AVEC LIAISON DES MOTS.

Un en-fant de cinq à six ans
é-tait tom-bé ma-la-de; on vou-lut
lu-i fai-re pren-dre u-ne mé-de-ci-ne,
mais ni les pro-mes-ses ni les me-
na-ces ne pu-rent ob-te-nir qu'il
sur-mon-tât sa ré-pu-gnan-ce. Sa
mè-re qui con-nais-sait son a-mour
ex-tra-or-di-nai-re pour les pau-vres,
s'a-vi-sa d'un mo-y-en nou-veau.
Je vi-ens de voir, lu-i dit-el-le, un
pau-vre nu et tout tran-si de froid;
si tu prends la mé-de-ci-ne, je le
fe-rai ha-bi-ller à neuf. Ah! ré-pon-
dit-il, je vais la pren-dre. Mais
quand il en eut a-va-lé la moi-ti-é,

3

il s'é-cri-a : ô ma-man, que ce-la
est mau-vais! je ne pu-is al-ler jus-
qu'au bout. Tu veux donc, re-prit
la mè-re, que je n'ha-bi-lle le
pau-vre qu'à de-mi? A ces mots,
l'en-fant re-de-man-de la tas-se et
a-va-le jus-qu'à la der-ni-è-re gout-te.

Pu-is-se cet e-xem-ple ap-pren-dre
aux en-fants ri-ches à ai-mer les
pau-vres, et à leur fai-re tout le
bi-en dont ils sont ca-pa-bles!
Jé-sus-Christ les ré-com-pen-se-ra
de leur cha-ri-té; car il a pro-mis
de re-gar-der com-me fait à lu-i-
mê-me ce qu'on fe-ra pour le
plus pe-tit de ses en-fants.

Vingtième Tableau.

—

ACCENTS ET PONCTUATIONS.

h   Si-gne d'as-pi-ra-ti-on.

ʹ   Ac-cent ai-gu.

ˋ   Ac-cent gra-ve.

ˆ   Ac-cent cir-con-fle-xe.

.   Point.

,   Vir-gu-le.

:   Deux-points.

;   Point-vir-gu-le.

?   Point in-ter-ro-ga-tif.

!   Point ex-cla-ma-tif.

'   A-po-stro-phe.

¨   Tré-ma.

–   Trait d'u-ni-on.

« »   Guil-le-mets.

( )   Pa-ren-thè-ses.

ABRÉVIATIONS.

J.-C.	Jé-sus-Christ.
N.-S.	No-tre-Sei-gneur.
S^t	Saint.
B.	Bien-heu-reux.
V.	Vé-né-ra-ble.
S. S.	Sa Sain-te-té.
N. S. P.	No-tre Saint-Pè-re.
S. M.	Sa Ma-jes-té.
S. A. R.	Son Al-tes-se ro-y-a-le.
S. Ex.	Son Ex-cel-len-ce.
S. Em.	Son É-mi-nen-ce.
Mgr	Mon-sei-gneur.
R. P.	Ré-vé-rend Pè-re.
N. T. C. F.	Nos très-chers frè-res.
M^r	Mon-si-eur.
MM.	Mes-si-eurs.

Mme Ma-da-me.

Melle Ma-de-moi-sel-le.

Me Maî-tre.

M^d Mar-chand.

N^{égt} Né-go-ci-ant.

Le S^r Le Si-eur.

Ve Veu-ve.

Ex. E-xem-ple.

7bre Sep-tem-bre.

8bre Oc-to-bre.

9bre No-vem-bre.

X^{bre} Dé-cem-bre.

1er Pre-mi-er.

2e Deu-xi-è-me.

d^r Der-ni-er.

N^o Nu-mé-ro.

C.-à-d. C'est-à-di-re.

ORDRE ET NOMS DES LETTRES DE L'ALPHABET.

a	*bé*	*sé*	*dé*	*é*
A	**B**	**C**	**D**	**E**
èfe	*jé*	*ache*	*i*	*ji*
F	**G**	**H**	**I**	**J**
ca	*èle*	*ème*	*ène*	*ô*
K	**L**	**M**	**N**	**O**
pé	*cu*	*ère*	*ese*	*té*
P	**Q**	**R**	**S**	**T**
u	*vé*	*icse*	*igrec*	*zède*
U	**V**	**X**	**Y**	**Z**

www.ingramcontent.com/pod-product-compliance
Lightning Source LLC
LaVergne TN
LVHW021700080426
835510LV00011B/1495